AF340587

DISCOURS

SUR

LE DROIT DE PROPRIÉTÉ,

LUS AU LYCÉE,

LES 9 DÉCEMBRE 1800 ET 18 JANVIER 1801,

PAR P. L. ROEDERER.

PARIS,

TYPOGRAPHIE DE FIRMIN DIDOT FRÈRES,
RUE JACOB, N° 56.

1839.

DISCOURS

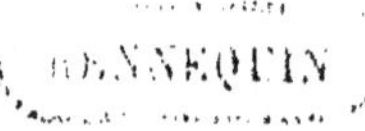

SUR LE DROIT DE PROPRIÉTE,

LUS AU LYCÉE,

LES 9 DÉCEMBRE 1800 ET 18 JANVIER 1801,

PAR. P. L. ROEDERER.

TYPOGRAPHIE DE FIRMIN DIDOT FRÈRES,
Rue Jacob, n° 56.

AVANT-PROPOS

DE L'ÉDITEUR.

LE renversement de la propriété a été l'objet des prédications de Babœuf. Les lois de la république ont fait tomber sa tête.

Aussi n'est-ce plus cette république-là qui suffirait à nos Babœufs actuels. Elle était trop aristocratique.

On peut penser qu'ils ne se contenteraient pas même du gouvernement conventionnel tel qu'il a existé; et cependant.... mais un décret de la Convention, en date du 18 mars 1793, prononçait la *peine de mort contre quiconque proposerait une loi agraire, ou toute autre subversive de la propriété.*

Que voudraient-ils donc? Chacun peut faire ses conjectures sur ce point, en ne perdant pas de vue toutefois, que le but doit avoir quelque rapport avec les moyens employés pour y atteindre.

Or, pour cela, ils ont pris les armes, et ne craignent pas de verser dans les rues le sang des défenseurs de l'ordre et de la propriété.

Et ce passage des prédications de la théorie de Babœuf (punies de mort par la République) aux sanglantes tentatives de sa mise à exécution n'entraîne plus la mort de leurs auteurs.

Grand résultat de l'adoucissement de nos mœurs, dit-on!

Soit, car assurément ce n'est pas nous qui voulons du sang!

Mais ne semblerait-il pas, à ce qu'on voit, que cet adoucissement ne se serait opéré que dans les classes éclairées; et qu'au contraire les classes aveuglées par les mauvaises passions, se seraient empirées.

Quoi qu'il en soit, tout acte d'humanité est bon en soi; et si une politique sévère en juge quelquefois autrement, une autre politique peut aussi y trouver sa part dans l'espérance qu'un tel acte servira de leçon et d'exemple. Plaise à Dieu qu'il en soit ainsi!

Puisque la propriété est devenue l'objet des attaques les plus violentes, et puisque c'est au moyen du leurre de son renversement qu'on est parvenu à tromper la multitude, à l'égarer, et à soulever des masses, plus énergiques pour braver des dangers personnels (qui ne pourraient jamais leur procurer que quelques jouissances d'un jour), que suffisamment éclairées pour se livrer avec courage et résignation au *travail* et à l'*économie*, d'où seulement elles peuvent attendre l'aisance de toute leur vie, il sera peut-être utile de reproduire les sages raisonnements qui expliquent et justifient le *droit de propriété.*

Dans les deux Discours qui suivent, lus au lycée en 1800 et 1801, par M. Rœderer, alors conseiller d'État, il démontra que le *travail* et l'*économie*, conditions auxquelles se sont soumis nos pères, sont les nobles origines de leur propriété, et seront à jamais les seules conditions auxquelles on puisse avoir recours pour s'en créer une.

Ces conditions ont été plus péniblement remplies à l'origine des sociétés qu'elles ne peuvent l'être désormais, ces sociétés ayant assigné une forte part de leurs économies aux classes indigentes.

L'accomplissement de ces conditions, répétons-le, en consacrant les droits anciens de propriété, consacrera de même les droits nouveaux de ceux qui s'y soumettront également pour se placer dans une position semblable.

Hors de là, il n'y a qu'anarchie et ruine pour tous.

Ajoutons, que si les perturbations actuelles n'avaient d'autre motif que l'intention sincère et philanthropique d'arriver à une répartition mathématiquement plus égale de la terre entre les hommes, on serait encore en droit de les repousser, en invoquant les faits qui parlent assez haut pour faire connaître que nous marchons à grands pas dans cette voie; et que le but auquel on voudrait, dit-on, atteindre, nous y arrivons avec une efficacité rapide dans ses effets, au moyen de la loi des héritages, qui les divise également entre les ayants droit; et au moyen de l'aisance populaire toujours croissante (quoi qu'en disent les déclamateurs, et en dépit de leurs déclamations et des perturbations périodiques qu'elles occasionnent) et toujours achetante. Ainsi, ne tirons point tant de coups de fusil, si ce n'est que cela que vous voulez. Nous y arrivons et par les seuls moyens possibles, et dans les conditions exclusivement nécessaires pour garantir la durée de cet état de choses, et pour en obtenir de bons résultats. Ces moyens agissent sans cesse avec calme et dans une progression toujours ascendante, qui devrait satisfaire les plus impatients. Ces moyens divisent la terre quasi à l'infini; ils la morcelleront jusqu'à la limite du possible et de l'utile.

Quel est le coin du territoire français qui ne proclame cette vérité et ne la rende évidente!

Quatre autres Discours ont suivi ceux qu'on va lire, et qui en sont détachés à cause de l'opportunité de leur publicité. La publication des autres suivra prochainement.

Iᵉʳ DISCOURS

SUR LE DROIT DE PROPRIÉTÉ,

LU AU LYCÉE,

LE 9 DÉCEMBRE 1800.

———◦———

De tous les cours professés en ce Lycée, celui qui exigerait du professeur le plus de talent serait un cours d'économie publique. Le moindre malheur de la science économique est d'être embarrassée de préjugés, entourée de préventions, dénuée d'expériences notoires et concluantes : elle est de plus une science abstraite et compliquée; on ne peut y attaquer l'erreur que par de longues analyses; les vérités ne s'y laissent approcher que par l'étude la plus obstinée. L'amour du bien public peut seul aujourd'hui amener ici des auditeurs; mais par cette raison même combien il est désirable pour celui qu'on y vient entendre, de pouvoir s'y faire écouter quelque temps! quel intérêt que celui de soutenir l'attention, quand c'est en même temps répondre à un sentiment respectable, le nourrir et l'accroître! La littérature a par elle-même tant de charme, les sciences naturelles portent avec elles tant de clarté, qu'elles se passeraient presque de l'attrait qu'y ajoutent les maîtres qui les enseignent : la science économique au contraire ne peut avoir que des attraits et une clarté d'emprunt. C'est donc en sens inverse du besoin des sciences, que sont répartis dans ce Lycée les talents qui les professent : l'économie publique y manquera du nécessaire, tandis que les autres connaissances y seront parées d'un immense superflu.

Toutefois ce n'est pas un cours complet d'économie publique que j'ai eu dessein d'entreprendre, mais seulement la discussion de quelques questions économiques récemment agitées dans le public. Ne pouvant me mesurer á la science tout entière, je me suis borné à en saisir quelques rameaux qui se sont trouvés à ma hauteur.

L'objet que je me suis particulièrement proposé a été de combattre les opinions énoncées relativement aux emprunts publics et aux contributions, par les deux partis opposés qui se sont jusqu'à présent partagé l'opinion en France. Les uns, ce sont les économistes, ont prétendu que tout emprunt public était une véritable détérioration de la prospérité nationale, et que tout impôt autre que l'impôt foncier était un attentat sur la liberté et la propriété particulière. Les autres, ce sont les *financiers* par excellence, ont prétendu et soutenu que l'impôt direct était la ruine de la nation, que les emprunts étaient nécessaires pour l'enrichir, et que non-seulement l'argent emprunté était fort utile, mais même la dette contractée par l'emprunt; de sorte qu'une nation empruntant cent millions, et recevant cette somme dans ses coffres, devrait se croire riche d'abord des cent millions reçus, et en second lieu de la dette de ces cent millions.

Je voudrais voir s'il serait possible de sauver la science *économique* du ridicule qu'ont attiré sur elle et la secte *économiste* et la secte financière. L'assemblée constituante semble avoir tenu un juste milieu entre les deux partis. Elle a partagé le poids des contributions en deux parts qui ont paru dans le temps assez proportionnées. L'une était dans le système direct, l'autre dans le système indirect; la nation ne s'est plainte et n'a souffert de ce partage que quand les taxes additionnelles, et les emprunts forcés, et les taxes de guerre, ont rompu l'équilibre et ont rendu accablante la contribution directe. A l'égard des emprunts, elle n'a pas cru nécessaire d'en ouvrir; mais en repoussant la banqueroute, en consolidant la dette, en dispensant même de la contribution foncière les rentes constituées sur le trésor public, elle a fait pour le crédit tout ce qu'aurait conseillé le besoin le plus urgent d'un emprunt, et tout ce que demandait l'équité. Elle a donc tenu le juste milieu entre les opinions opposées. Tâchons de retrouver les principes qui l'ont guidée et de les consacrer.

En considérant avec toute l'attention dont mon esprit et surtout ma conscience sont capables, les questions qui intéressent l'impôt et l'emprunt, j'ai cru reconnaître que toutes les méprises où l'on tombait en traitant de ces deux objets, provenaient de l'ignorance ou de l'imparfaite connaissance des vrais principes et de la véritable nature de la propriété, ainsi que de l'action qu'exercent les unes sur les autres diverses espèces de richesses qui sont la matière et l'objet de la propriété. Oui, toutes les erreurs de finance se rapportent ou à la méconnaissance des droits de la propriété, ou à l'ignorance de ses ressorts; pour qui connaît ses droits et son action naturelle, nécessaire, bien des obscurités sont éclaircies, bien des sophismes sont dissipés, bien des principes deviennent évidents.

Des douze discours que je me propose de lire ici, trois auront pour objet la propriété, trois les contributions, trois les emprunts publics (1).

Relativement à la propriété, j'examinerai quatre choses :

SAVOIR :

1° Le droit de propriété.

2° L'utilité du maintien absolu de l'exercice de ce droit.

3° L'action de la propriété dans l'état social, à raison de la diversité des biens ou richesses qui la constituent.

4° Les droits politiques qui naissent de la propriété.

Ces deux derniers objets seront traités dans un même discours.

Il est inutile de présenter en ce moment les subdivisions des autres parties. Parlons de suite du premier objet que nous venons d'annoncer : du droit de propriété.

Quel est le fondement du droit de propriété ?

C'est l'intérêt de la conservation individuelle joint à la propriété des moyens, c'est-à-dire, de l'adresse et des forces que l'homme a reçues de la nature pour y pourvoir.

Dans l'état de nature, l'homme est incontestablement *libre :* qu'est-ce à dire, libre ? c'est-à-dire qu'il peut disposer seul des bras et des forces que la nature lui a donnés ; c'est-à-dire qu'il en est *propriétaire.*

De la propriété que chaque homme a de ses forces et de son adresse, naît la propriété mobilière. Le sauvage grimpe sur un arbre et y cueille un fruit : ce fruit

______

(1) Cette 3° partie du plan n'a pas été exécutée.

est à lui; il devient sa propriété par la peine et l'adresse qu'il a mises à le cueillir.

Si un autre avait le droit de le lui prendre, ce serait comme si cet autre avait eu le droit de disposer de l'adresse et de la force de celui-ci; ce serait comme si celui-ci n'avait pas été propriétaire de sa propre force et de sa propre adresse. La propriété mobilière, ou la propriété *des fruits* de la terre, est donc un premier produit de la propriété des propres moyens de l'individu.

Mais il y a loin de la propriété mobilière à la propriété foncière, de la propriété des fruits à la propriété du fonds. Comment donc naît la propriété foncière?

Elle naît de celle des fruits acquis par le travail; elle naît aussi immédiatement du travail même.

Pour défricher une terre, il faut deux choses : du travail et des avances; pourquoi des avances? parce qu'il faut se nourrir pendant le travail, et parce qu'il faut ensemencer la terre après l'avoir défrichée.

Puisqu'il faut du travail pour défricher la terre, le travail devient une véritable prise de possession : car si un survenant pouvait chasser de son champ celui qui l'a défriché, ce serait comme s'il avait eu le droit de lui commander le travail nécessaire pour l'opérer; ce serait comme si celui-ci n'avait pas la propriété de ses bras et de sa force.

Puisqu'il faut des avances pour un défrichement, ces avances sont un nouveau titre à la possession de la terre défrichée. Car qu'est-ce que des avances? ce sont des fruits de la terre que j'ai recueillis, dont j'ai fait par là ma propriété, que j'aurais pu consommer, et que j'ai *épargnés*, c'est-à-dire, dont j'ai fait un *capital*. Si j'ai eu le droit incontestable de les recueillir, de les consommer, ils deviennent pour moi un titre de propriété foncière lorsque je les attache au sol, que je les unis à la terre, pour les en retirer avec usure. La terre qui les féconde est à moi puisqu'elle renferme mon grain ; autrement un autre aurait droit à ce grain et aux peines que j'ai prises pour le recueillir.

C'est ainsi que le droit de propriété foncière naît de la propriété mobilière et de la propriété personnelle. Telle est l'origine de la propriété.

J'ai dit en commençant que l'intérêt et le droit naturel de la conservation individuelle étaient aussi une des bases du droit de propriété. En effet, c'est cet intérêt qui convertit le droit naturel de propriété en droit positif, qui lui donne une garantie dans l'état social, et qui le rend inaliénable, incessible par aucune convention politique, qui le rend inviolable pour la société elle-même. Quand les hommes ont éprouvé la nécessité d'assurer leur existence et celle de leur famille, quand ils ont appris que la terre cultivée rend incomparablement plus que la terre inculte, ils ont contracté le respect mutuel des propriétés : de là la société *civile*, c'est-à-dire la seule société véritablement susceptible de civilisation et de perfectionnement.

C'est à l'époque de la formation de cet état social qu'on peut se porter, pour discuter avec facilité toutes les questions qui peuvent s'élever au sujet du droit de propriété. Ici on peut supposer que le premier congrès de la société, en reconnaissant les droits des associés qui ont fait des défrichements, veut examiner dans quelles limites il conviendrait de les renfermer. Ici se présentent toutes les objections que les propriétaires peuvent avoir à combattre. Je suppose que je suis un Européen transplanté par ma mauvaise fortune dans un pays où j'ai défriché des terres et où les habitants contractent la société, et que j'aie à répondre aux orateurs de la multitude, Européens comme moi.

La première difficulté qui se présente, c'est que la société ne veut garantir que la mesure de droit nécessaire à la conservation; et l'on me dit: « Vous n'avez « besoin que des *fruits* de la terre; ainsi nous nous ré- « servons de voir comment nous disposerons du fonds, « et comment nous en assurerons la culture; et pourvu « que votre nourriture soit assurée, vous aurez reçu le « prix de votre défrichement. »

Je réponds : Le besoin que j'ai des fruits fait naître pour moi le besoin de la terre. Mon besoin n'est pas seulement d'avoir *aujourd'hui* de quoi manger, mais de l'avoir encore demain; mon besoin est non-seulement dans mon estomac, mais dans ma prévoyance, qui est une faculté de l'esprit d'où l'homme tient plus de maux et de biens que de ses sensations mêmes. Mon droit de pourvoir à mes besoins éloignés n'est pas un droit qu'on puisse appeler métaphysique. Il est exercé par la fourmi laborieuse sur laquelle nous marchons.

Ce que je cherche dans la propriété, comme dans la liberté, c'est ma sûreté. Ce que je cherche dans la sûreté, c'est la sécurité qui en est le sentiment. La sécurité est donc celui de mes besoins qui comprend tous les autres. Ce qui est absolument nécessaire à ma sécurité fait donc partie de mes droits. Si donc je ne puis avoir de sécurité qu'autant que je possède une terre qui me donne des moissons annuelles, et une maison pour serrer mes grains, le droit d'avoir un champ et une maison, c'est-à-dire une propriété foncière, est donc un de mes droits naturels et essentiels.

Mais, me dit-on, si la société, après s'être formée, peut assurer votre nourriture en reprenant votre propriété, et qu'elle veuille la reprendre, qu'avez-vous à lui objecter?

Je réponds, 1° que si ma terre m'est acquise avant que la société se soit formée, elle ne peut plus m'en dépouiller, parce que mon droit est établi avant elle, et qu'elle est établie pour garantir mon droit, non pour le sacrifier.

2° Quand je contracte une société, ce n'est pas pour qu'elle me donne du pain, mais pour qu'elle me garantisse la faculté d'en acquérir par mon travail ou par mon industrie.

3° Je soutiens que la société n'a pas la puissance physique de me garantir ma subsistance, à moins qu'elle ne confie la terre à l'intérêt privé, parce que des exploitations communes sont toujours mal soignées; parce que là où elles sont établies, le système de chacun est de vivre avec le plus d'abondance possible, en mettant à l'œuvre commune le moins de travail qu'il pourra; parce qu'aussi le moindre échec donné à l'organisation sociale arrête tous les travaux de la culture, ou fait piller les greniers communs.

4° Je dis que la société n'ayant pas et n'étant pas susceptible d'avoir la puissance physique de me garantir ma subsistance, elle n'a pas le droit d'exiger que je lui confie le soin de me la donner, et que je me dépouille de mes moyens individuels pour les paralyser dans une association générale. Je dis que la société n'ayant pas le droit d'ôter arbitrairement la vie à un citoyen, elle ne peut exiger d'aucun qu'il se repose pour sa conservation sur les soins équivoques que peut y donner la société.

5° J'ajoute que le *besoin* de jouir s'étend ou se restreint successivement dans les mêmes hommes, et

diffère de l'un à l'autre; que ce besoin suit les déve-
loppements de l'intelligence humaine, est extensible
comme elle; d'où il s'ensuit que l'homme doit pouvoir
appliquer plus ou moins de ses moyens à satisfaire ses
besoins, c'est-à-dire, faire plus ou moins de travail
suivant leur étendue. C'est donc une vérité que le
travail doit être permis à l'homme suivant l'intérêt
qu'il y met pour ses jouissances personnelles, et qu'il
ne peut lui être rien commandé au delà de son besoin
soit réel, soit d'habitude ou d'imagination. Or, si les
propriétés étaient communes et non exploitées, l'homme
ne pourrait pas proportionner son travail à son besoin.
Si les propriétés étaient communes et cultivées, le
citoyen serait obligé à une mesure toujours égale de
travail, et cette mesure pourrait être plus forte ou plus
faible que celui qui serait sollicité par le sentiment de
son besoin. Il n'y a donc que la propriété foncière qui
puisse lui assurer la jouissance de ses droits.

6° Enfin la faculté de développer, de perfectionner
ses moyens de travail, son industrie, ses talents, ses
forces, n'est pas moins propre à l'homme, ne fait pas
moins partie de ses droits que la faculté de jouir. Or,
ce développement, ce perfectionnement, seraient im-
possibles dans un pays où les terres étant à tout le
monde, toute propriété, et avec elle toute division des
métiers, serait interdite à tout le monde, puisque c'est
de la division des métiers que procède l'industrie, et
que sont nées les machines presque intelligentes qui
centuplent la force de l'homme et diminuent la peine
de tous ses travaux.

Voilà mes réflexions sur le droit de la propriété foncière.

J'entends qu'après avoir bien disputé contre moi, on
consentirait à allouer au travailleur, pour prix de son

travail, la récolte des fruits de l'année; mais c'est se moquer. Pour avoir un droit évident aux fruits de l'année, il me suffit de labourer et ensemencer une terre défrichée, engraissée. J'acquiers donc un droit plus étendu lorsque je défriche, lorsque je plante, lorsque je bâtis une ferme, lorsque je construis des murs de clôture. Je n'aurais pas fait tout cela pour obtenir une récolte, je ne l'aurais pas fait pour vingt : car il m'a fallu pour toutes ces exploitations plus de travail que pour vingt exploitations annuelles. Ce calcul vous paraît exagéré? Il est au-dessous du vrai. Il ne suffit pas de comparer le temps du travail employé au défrichement avec celui qui l'est à une exploitation annuelle; il faut aussi comparer les avances, car toute avance est le produit accumulé d'un travail antérieur. Or, il en entre vingt fois plus dans la fondation d'une culture que dans une exploitation annuelle.

Ici on m'arrête encore, et l'on me dit : « Mais du « moins votre jouissance n'est pas, de droit, *héréditaire,* « *et la propriété doit avoir un terme.* Ce terme est le « moment où le premier colon est censé indemnisé de « ses avances. Passons-lui la jouissance pendant toute sa « vie; mais à sa mort le bien doit être à l'État. »

Je mets de côté les inconvénients qui résulteraient d'une semblable disposition. Je montrerai ailleurs qu'elle serait désastreuse. Ici, je le répète, je ne parle que du *droit,* et je combats encore, sous ce rapport, l'opinion qui conteste l'hérédité.

Je dis d'abord qu'il y aurait lésion pour le premier colon, si l'on établissait cette opinion. Je dis en second lieu que l'hérédité ne lèse les droits de personne, et même est utile aux droits de tout le monde.

Ma première proposition : qu'il y aurait injustice à ce

que l'hérédité ne fût pas établie, est facile à justifier.
Les premiers exploitants, les premiers pères de la richesse n'ayant disposé la terre à la fécondité que par
leur travail, à quel titre un survenant prétendrait-il
obtenir une propriété sans travail? Les premiers agriculteurs auraient-ils donc été les serviteurs des générations suivantes? Quand les premiers cultivateurs des
pays aujourd'hui civilisés ont exploité la terre, ils l'ont
fait sans doute en proportion du nombre de leurs enfants; il était naturel qu'ils leur transmissent par l'hérédité ce qui avait été fait pour eux. Les premiers agriculteurs ayant aussi établi des ateliers d'exploitation,
des fermes, des maisons toutes plus durables qu'eux,
il était naturel que cela ne devînt pas après eux la propriété de l'État ou d'un survenant.

A la rigueur, sans doute l'hérédité pouvait être séparée de la première propriété. Mais en ce cas il aurait
fallu que la société existant avant le défrichement, avertît
le premier cultivateur de cette séparation, et qu'elle se
fût résignée à ne voir que des exploitations imparfaites
et improductives. Car alors le cultivateur se serait dit
à lui-même : Je ne planterai rien, parce que je ne jouirais pas ; je bâtirai pour ma vie seulement et sans solidité, parce que personne d'intéressé à se souvenir de
moi, n'occupera ma maison après moi; je défricherai
seulement pour me nourrir, moi et mes enfants *en bas
âge*, puisque je ne puis rien leur laisser à ma mort; je
réduirai même ou je négligerai au déclin de ma vie la
culture du terrain que j'aurai défriché, car mes forces
et mes besoins étant alors diminués, je n'ai rien de plus
sage à faire que de m'épargner de la peine et d'être
ménager de mes avances. Si, au contraire, le premier

colon a planté, a bâti solidement, a défriché, amendé son terrain de manière à le faire fructifier bien au delà de son existence, il faut qu'il ait le droit de le transmettre à ses enfants, ou bien on lui vole le fruit d'un travail qu'on n'avait pas le droit de lui commander, et d'avances qu'on ne pouvait lui contester; on viole tout à la fois sa propriété foncière et sa propriété mobilière.

J'ai dit, en second lieu, que l'hérédité ne blessait les droits de personne, et au contraire servait les droits de tout le monde. Quand la terre ne produit que des fruits spontanés ou du gibier, il en faut incontestablement davantage pour nourrir un homme, que quand elle est cultivée. Lors donc que la chasse ou les fruits sp .anés sont la seule subsistance des hordes sauvages, et que la terre est en commun, chaque individu jouit d'un plus grand nombre d'arpents que quand il cultive. Un homme qui jouit de dix mille arpents de terre inculte en commun avec vingt autres hommes, ce qui fait cinq cents arpents pour chacun, et n'est pas trop, certainement ne fait pas tort à ses compagnons lorsqu'il se renferme dans quatre arpents qu'il cultive, et qu'il leur abandonne les quatre cent quatre-vingt-seize autres.

Mais si quelques-uns se partagent tout le terrain et rebutent les autres! — La supposition est absurde. Pour devenir propriétaire il ne suffit pas de dire : Ceci est à moi, il faut pouvoir en prendre possession ; or, *on ne prend possession de la terre que par le travail,* puisque le travail seul la rend féconde, et la puissance du travail ne s'étend pas à tout le domaine que l'imagination peut envahir. En second lieu, quand les *facultés* du travail seraient illimitées, *la volonté* du travail serait bornée par la faculté de consommer et de jouir. Or, un homme ne peut pas jouir au delà d'une certaine mesure qui est déterminée par ses facultés.

Mais si la horde est si nombreuse qu'elle ait besoin pour vivre de plus de terrain que celui qui est à partager, et qu'ainsi il faille rebuter quelque surnuméraire! — Autre supposition absurde. Car je le répète, un terrain inculte qui suffit pour nourrir la horde, étant cultivé, pourra nourrir cent fois le même nombre d'hommes.

Mais si, à la suite, quand tout sera cultivé, il survient des hommes nouveaux, que ferez-vous de ces survenants? — Je réponds : Ou ils viennent du dehors, ou ils sont nés dans l'État même.

Au premier cas, il faut leur répondre : « Quand les « lots sont faits, tu viens nous dire : Je suis homme « comme vous ; j'ai deux pieds, deux mains, autant d'or- « gueil et plus que vous, un esprit aussi désordonné « pour le moins que le vôtre..... Je viens vous deman- « der ma part de terre. Il y a dans notre hémisphère « connu environ cinquante mille millions d'arpents à « cultiver, tant passables que stériles. Nous ne sommes « qu'environ un milliard d'animaux à deux pieds, sans « plumes, sur ce continent. Ce sont cinquante arpents « pour chacun. Faites-moi justice ; donnez-moi mes « cinquante arpents. — Va-t'en les prendre chez les « Hottentots, chez les Cafres ou chez les Samoiedes... « Si tu veux avoir ici le manger, le vêtir, le loger, tra- « vaille pour nous ; sers-nous, amuse-nous. » (J'em- prunte à Voltaire cette réponse aussi originale dans la forme que judicieuse au fond.) En effet, *la terre à laquelle chacun a droit est la terre inculte, couverte de ronces et d'épines.* Demander une part de terres défri-

chées et labourées, c'est demander le fruit du travail
et des épargnes de nos pères et de nous-mêmes.

Si les pétitionnaires sont nés dans l'État même, je
leur réponds : Que le survenant qui naît dénué de toute
propriété est précisément dans la même situation que
les premiers exploitants. Il a fallu que ceux-ci travaillassent pour exploiter la terre, qu'ils travaillassent
pour former le capital nécessaire à cette exploitation.
Eh bien, les survenants travailleront pour gagner de
quoi acheter, s'ils le veulent, de cette terre défrichée.
Leur position est même plus favorable que celle des
premiers colons, puisqu'ils trouvent une terre en valeur
et garantie à acquérir, et que ceux-ci couraient les chances de leurs essais, chances qui doivent être comptées
pour quelque chose dans leurs droits de transmission.
Voilà à quoi se réduit ce contraste si offensant, au premier aspect, des gens qui naissent avec une propriété,
et de ceux qui naissent indigents ; des gens qui naissent
dotés par les institutions sociales, et de ceux qui naissent pour être délaissés ou rebutés par elles.

*Mais il peut arriver superpopulation! En ce cas, pour-
quoi la décimation ou déportation devra-t-elle tomber
sur l'un plutôt que sur l'autre? Et pourquoi y aura-t-il
des pauvres dont la tête appellera la déportation, tandis
que les riches en seront exempts?* — Voilà encore une
fausse supposition. Il n'y aura jamais de superpopulation dans un État où la propriété sera établie et où il
y aura des riches et des pauvres : car les mariages s'y
proportionneront aux moyens de subsistance qu'auront
les hommes.

C'est dans le cas de propriétés communes que la
superpopulation peut être à craindre, parce que là

nul n'étant obligé à plus de travail quand il a femme et enfants que quand il est seul, et la société garantissant à tous la subsistance, chacun est disposé à se marier, sans faire attention aux moyens de la société, qui alors est obligée de faire des lois pour restreindre les mariages dans les limites jugées nécessaires, de violer par là la liberté, et de porter une autorité vexatoire dans l'exercice des facultés de l'homme qui obéissent le moins et qui commandent le plus.

Voilà à peu près tous les arguments que l'on peut faire contre la *propriété* accompagnée des grandes circonstances qu'elle suppose, savoir, l'hérédité et l'inégalité des fortunes.

Je crois les avoir réfutés. Mais il me reste à venger Rousseau du reproche qu'on lui a fait d'avoir attaqué la propriété dans ses ouvrages, et du malheur d'avoir été cent fois cité par les scélérats qui l'ont si audacieusement violée dans ces derniers temps.

Six lignes du discours sur l'inégalité des conditions ont servi, aux uns, de titre d'accusation, aux autres, d'autorisation au crime.

« Le premier qui, ayant enclos un terrain, s'avisa de « dire : Ceci est à moi, et trouva des gens assez simples « pour le croire, *fut le vrai fondateur de la société ci-* « *vile.* Que de crimes, de guerres, de meurtres, de mi- « sères et d'horreurs n'eût point épargnés au genre « humain celui qui, arrachant les pieux ou comblant « le fossé, eût crié à ses semblables : Gardez-vous « d'écouter cet imposteur; vous êtes perdus si vous « oubliez que les fruits sont à tous, et que la terre n'est « à personne. »

Quel étrange abus on a fait de ces paroles ! on a voulu en conclure que, selon Rousseau, la propriété foncière était opposée à l'état social bien ordonné; et tout au contraire Rousseau voulait prouver *qu'elle en était le principe*, et à ce titre il l'opposait à la vie sauvage. Tout le monde sait que son discours n'est qu'une apologie de l'état de nature contre la civilisation, et que c'est uniquement comme moyen de civilisation qu'il déplore la propriété. Ainsi la bêtise et la mauvaise foi, parlant effrontément au nom de Rousseau, nous ont présenté comme la suprême perfection de la société civile, l'abolition de la propriété que Rousseau regardait *comme le plus sûr moyen de rétablir l'état sauvage*, et d'empêcher la société d'exister.

Ce que je dis ici est prouvé non-seulement par l'ensemble du discours, mais encore par les premières lignes du morceau même dont on argumente : *Le premier qui s'avisa de dire : Ceci est à moi*, etc., *fut le véritable fondateur de la société civile.* Ce qui suit immédiatement le passage cité est aussi très-concluant pour mon assertion. « Mais il y a grande apparence, dit Rousseau, « qu'alors (c'est-à-dire, quand un homme eut dit : Ceci « est à moi) les choses en étaient déjà venues au point « de ne pouvoir plus durer comme elles étaient : car « cette idée de propriété dépendant de beaucoup d'idées « antérieures qui n'ont pu naître que successivement, « ne se forma pas tout d'un coup dans l'esprit humain : « il fallut faire bien des progrès, acquérir bien de l'in- « dustrie et des lumières, les transmettre et les aug- « menter d'âge en âge, avant que d'arriver à ce dernier « terme de l'état de nature. »

Il est assez clair, par ces paroles, que Rousseau regardait l'établissement de la propriété comme un effet nécessaire des dispositions déjà prononcées pour l'état de société, et, si je puis le dire, pour la clôture de l'état de nature.

Les autres ouvrages que Rousseau a composés, non plus contre le régime social, mais sur son perfectionnement et sur ses véritables principes, renferment une foule de preuves de son respect profond pour la propriété.

Dans son discours sur l'économie politique, ouvrage postérieur à celui qui concerne l'inégalité des conditions, on lit ces paroles, page 3o3 de l'édition de Kehl : « Le fondement du pacte social est la propriété; sa pre- « mière condition, que chacun soit maintenu dans la « paisible jouissance de ce qui lui appartient. »

Dans le même discours, page 289, on trouve ce passage bien plus remarquable : « Il est certain, dit-il, « que le droit de propriété est le plus sacré de tous « les droits des citoyens, et plus important, à certains « égards, que la liberté même; soit parce qu'il tient de « plus près à la conservation de la vie, soit parce que « les biens étant plus faciles à usurper et plus pénibles « à défendre que la personne, on doit plus respecter « ce qui peut se ravir plus aisément, soit enfin *parce* « *que la propriété est le vrai fondement de la société* « *civile*, et le vrai garant des engagements des citoyens : « car si les biens ne répondaient pas des personnes, rien « ne serait si facile que d'éluder ses devoirs et de se « moquer des lois. »

Au fond, et à prendre même les paroles de Rousseau dans leur sens absolu, à transporter dans l'état social ce qu'il a dit de l'état de nature finissant, *que les fruits sont à tous et que la terre n'est à personne*, il s'ensuivrait qu'il faut faire non un nouveau partage de la terre, mais son exploitation en commun et le partage de ses fruits entre tous. Les fruits dans ce système n'appartiendraient donc qu'au travail. Eh bien, dans le système de la propriété, ils appartiennent de même au travail et à tous les genres de travaux, parce que les travaux sont l'équivalent les uns des autres ; ainsi, comme je l'ai dit, il n'y a de lésion pour personne. Je dis plus, il y a de l'avantage pour tout le monde : car la terre produit plus par la division du travail entre les hommes, et par l'application constante de quelques-uns à sa culture, qu'elle ne produirait par un travail commun ; ainsi, dans le régime actuel, non-seulement le travail est assuré d'obtenir, comme dans l'état de nature, une part des fruits de la terre, mais encore d'obtenir une part infiniment plus considérable, parce que ses produits sont plus abondants.

J'espère que ces observations suffisent pour ravir l'autorité de Rousseau aux ennemis de la propriété, s'il en est encore, et pour ôter aux détracteurs des philosophes, tout prétexte d'outrage contre lui ; je me félicite d'avoir été conduit par mon sujet à remplir ce devoir de justice envers un des hommes les plus illustres et les plus calomniés de ce siècle, et de le remplir dans ce Lycée, qui jusqu'à présent n'a pas été moins consacré à la philosophie qu'au bon goût.

IIe DISCOURS

SUR LE DROIT DE PROPRIÉTÉ,

LU AU LYCÉE,

LE 18 JANVIER 1801.

[illegible]

[illegible]

[illegible]

[illegible]

IIe DISCOURS

SUR LE DROIT DE PROPRIÉTÉ,

LU AU LYCÉE,

LE 18 JANVIER 1801.

Dans la dernière séance, nous avons vu l'origine de la propriété et reconnu son titre. Cette origine est respectable, ce titre est sacré : il est né du besoin le plus pressant de l'homme, celui de sa subsistance ; de l'emploi de ses facultés et de l'épargne des fruits recueillis par son travail. Elle a été consacrée par les premières conventions sociales qui ont reconnu de si chers intérêts et assuré de si utiles ressources. Ainsi le besoin, le travail et l'épargne, voilà les fondements du droit de propriété ; le pacte social qui les reconnaît, voilà son titre. Devant son histoire s'évanouissent les griefs des hommes qui naissent dénués de biens, contre ceux qui naissent dotés d'un riche patrimoine. Le pauvre doit se dire en contemplant la fortune du riche : « Ses pères ont travaillé et épargné ; les miens, « moins sages, ou n'ont rien fait, ou bien ils ont con- « sommé les fruits de leur travail ; ce dont il jouit au- « jourd'hui a été retranché à la jouissance de ceux qui « le lui ont transmis ; tout ce qui me manque à moi,

« ou mes pères l'ont consommé, ou ils se sont épargné
« les peines nécessaires pour l'acquérir : ce n'est donc
« pas de lui que je dois me plaindre, c'est de mes pères.
« Au reste, ce que mes pères ont négligé, je puis le
« faire ; le travail et l'économie dépendent de moi comme
« ils ont dépendu du premier auteur de toute fortune
« patrimoniale. L'institution de la propriété, celle de
« l'hérédité qui en est une conséquence nécessaire, loin
« de m'être préjudiciables, me sont très-avantageuses.
« Dans l'état de nature, il n'y avait d'ouverts à mon in-
« dustrie que des terrains hérissés de ronces et de ro-
« chers, ou des marais infects ; mes exploitations auraient
« été sans garantie, et le travail le plus pénible aurait
« été condamné à rester encore le plus inutile. Au con-
« traire aujourd'hui, si je travaille, tout m'aide, et rien
« ne me nuit. L'atelier que j'établis est sous la protec-
« tion de tous ; la terre que j'achète est non-seulement
« en état de produire, mais de plus elle produit sûre-
« ment pour son propriétaire, au moyen de la double
« clôture des murailles qui entourent le terrain et de la
« loi qui entoure les murailles. Travaillons : je n'ai plus
« à craindre ni la nature rebelle au travail de l'homme,
« ni l'homme ennemi de l'homme et de la nature. Tra-
« vaillons : et plus utiles à nos descendants que ne l'ont
« été pour nous nos pères, transmettons à nos fils des
« témoignages de notre force, de notre industrie, de
« notre courage, et trouvons dans le repos dont ils nous
« seront redevables la consolation du travail qui nous
« est nécessaire. » Tel est le langage que le pauvre éclairé
doit se tenir à lui-même ; tel est l'hommage que doit
à l'institution de la propriété l'homme qu'elle a le moins
favorisé.

Quelques personnes estiment qu'il est dangereux de

rechercher publiquement le titre de la propriété; je le crois comme eux, si l'on n'est pas sûr de le trouver. Mais quand on sait à peu près où il est caché, et surtout quand on le tient à la main, ce serait laisser suspecter sa validité que de ne pas le mettre en évidence.

Quelques autres estiment qu'il est inutile d'établir la légitimité du droit de propriété: c'est, il y a sept ans, en 1793, quand j'essayai cette tâche, ici, dans ce Lycée même, tandis que Marat le renversait dans la Convention, c'est alors que ce travail était non-seulement inutile, mais dangereux et pour celui qui l'avait fait et pour ceux qui avaient le courage de l'écouter. Aujourd'hui il doit être fructueux, et il est peut-être nécessaire. Si le droit de propriété n'avait jamais cessé d'être reconnu comme article de foi, et respecté avec une sorte de religion, il serait sans doute inutile d'étaler ses preuves aux yeux de la raison; mais l'époque de 1793 lui a été si fatale! et cette époque a laissé tant de traces! La religion de la propriété n'est pas de celles qui, après avoir été interrompues, peuvent se passer d'une démonstration de leurs droits pour rentrer dans leur autorité. Je crois les recherches sur la propriété utiles non-seulement pour assurer la propriété en elle-même, mais encore pour en tirer des principes de gouvernement et d'administration applicables à l'impôt et au crédit public; et, comme je l'ai annoncé, c'est dans cette vue que j'en ai parlé. Elles ne sont pas l'objet de ce cours, mais elles en sont les indispensables préliminaires. Nous allons donc les reprendre.

L'objet particulier de cette séance est de reconnaître les avantages de la propriété.

Nous la considérerons sous trois rapports; savoir:

Relativement au bonheur individuel;

Relativement au bonheur de la société;

Relativement à la force des États et à leur sûreté du côté des États étrangers.

Le système des niveleurs dont on a si injustement accusé Rousseau d'être l'auteur, doit son origine aux déclamations de Mably contre la richesse.

L'ouvrage où elle est exposée est intitulé *Principes de législation.* Plusieurs des écrits de Babœuf et de ses complices en citent des passages. Je vais en présenter ici la substance, dans l'ordre que je me suis prescrit pour cette discussion. Il a pour objet d'établir :

1° Que les richesses ne font pas le bonheur des particuliers;

2° Qu'elles desserrent les liens de la société;

3° Qu'elles compromettent la sûreté extérieure des États.

Pour prouver que les richesses ne font pas le bonheur, il observe qu'elles font naître dans l'homme une foule de besoins factices qui le constituent dans la dépendance la plus asservissante. Ce philosophe, dit-il, qui, en parcourant le palais d'un riche, s'écria : *Que de choses dont je n'ai pas besoin!* était plus près du bonheur, que le possesseur de ces insipides bagatelles.

Voici comment il prouve sa seconde proposition, savoir, que la possession des richesses desserre le lien social. « Elle concentre, dit-il, le riche dans ses jouissances et dans les besoins qu'elles multiplient pour lui. Elle l'endurcit pour les souffrances de ses semblables. D'un autre côté, le pauvre, aigri ou avili par l'infortune, contemple toujours le riche avec envie, ou s'abaisse honteusement devant lui. Il descend du rang de citoyen et d'associé libre, dans le rang des esclaves courbés devant des maîtres. Le riche, le pauvre, sont séparés l'un de l'autre par des murs d'airain. »

« Ce n'est pas tout : il s'établit des rapports funestes entre les riches et la masse entière de la société. »

« Le besoin des richesses, l'habitude des jouissances commencent par inspirer le *désir d'avoir*, ce désir qui fait qu'on refuse à la société le secours dont elle a besoin, et dont on pourrait lui faire l'offrande, et qu'on poursuit, qu'on dérobe, qu'on arrache ce qu'on n'a pas ; ce désir qui fait qu'on n'est jamais qu'un médiocre citoyen, et qu'on en est souvent un très-mauvais ; ce désir qui est une véritable maladie, et qu'on nomme *avarice*. »

« Cette maladie (c'est toujours Mably qui parle) en engendre une autre ; c'est l'*ambition* des pouvoirs ; des pouvoirs au moyen desquels on fixe, on étend, par la domination, certaines jouissances que la possession des richesses ne fait que préparer, promettre, ou donner imparfaitement. De là, les entreprises audacieuses qui minent ou attaquent ouvertement la liberté d'un pays, répandent la corruption dans toutes les classes de la société, font circuler dans tous les cœurs toutes les passions funestes qui dégradent l'homme et vicient la société. »

La troisième proposition : que les richesses ne font pas la sûreté des États, mais au contraire les exposent à un véritable péril du côté des étrangers, est ainsi justifiée par Mably :

« 1° Elles diminuent la force par la division qu'elles établissent entre les éléments mêmes de la société, par l'isolement des riches, par l'amollissement de leurs forces physiques, par l'obstacle qu'elles forment à l'établissement de tout esprit public, même dans le pauvre qui ne peut affectionner vivement une société dont il est le rebut. »

« 2° Elles excitent l'envie ou la cupidité. Elles attirent aux peuples qui les possèdent des guerres que la pauvreté leur eût épargnées; car quel intérêt d'attaquer, de conquérir un pays qui n'a d'autre mérite que celui de porter des hommes libres attachés uniquement à leur liberté? »

« 3° La richesse rend audacieux, injuste, entreprenant; au lieu que la pauvreté, modeste et vertueuse, respecte les droits de tous. »

« 4° Un peuple pauvre trouve, plus aisément qu'un peuple riche, des alliés sûrs pour le défendre : 1° parce qu'il n'inquiète jamais leur jalousie; 2° parce qu'il est fidèle aux engagements qu'il prend; 3° parce qu'il ne leur demande rien quand ils ont besoin de lui; 4° parce qu'il leur abandonne tout le butin des victoires quand il a besoin d'eux. »

« 5° Ce n'est pas une population nombreuse, mais une population heureuse et vertueuse, qui est douée d'une force capable de résister à ses ennemis. On se confirme dans cette vérité, quand on considère la victoire remportée par une poignée d'Athéniens et de Lacédémoniens sur les innombrables armées de Xercès; les victoires remportées par la poignée de guerriers qui fonda Rome sur tous les peuples du monde; celles enfin d'une poignée de Francs sur les Romains devenus les maîtres du monde. »

Ainsi la richesse ne fait pas le bonheur particulier; elle ne fait pas le bonheur de l'État; elle ne fait pas sa sûreté. Ainsi, pauvreté, égalité, tels sont, selon Mably, les fondements de l'organisation sociale.

Les niveleurs sont partis de l'apologie de l'égalité et de la pauvreté, pour faire la censure de la propriété, et rien n'était plus naturel; car c'est de la propriété, c'est de l'accumulation des capitaux, qui en a été la suite, qu'est née l'inégalité des fortunes ; c'est de la propriété mobilière, ainsi que de la propriété territoriale : aussi en veulent-ils également à l'une et à l'autre. Ils attaquent en conséquence le commerce, et même tout autre travail que le travail appliqué aux besoins communs.

On peut réduire à quatre vues principales les moyens débattus entre les niveleurs pour l'exécution de leurs desseins contre la propriété.

La première, serait de dissoudre absolument les fortunes faites, à la mort des possesseurs, en exhérédant leurs familles, en faisant hériter le fisc qui dépenserait le produit de la vente du fonds ; ou le capital, si l'héritage était un bien mobilier.

La seconde, serait de limiter les fortunes à une somme déterminée, au delà de laquelle l'État prendrait la place du propriétaire, ou d'une manière absolue, soit en lui prenant le fonds ou capital excédant, soit en exigeant de lui annuellement la rente de ce fonds ou capital ; ou partiellement et périodiquement, en ne prenant chaque année qu'une portion de revenu ; ou enfin en ne s'emparant de cet excédant, en tout ou en partie, en capital ou en revenu, que dans un besoin extraordinaire dont l'espèce serait déterminée.

La troisième, serait de partager toutes les propriétés entre tous les citoyens par portions égales, sauf à recommencer ce partage à des périodes déterminées, comme autrefois chez le peuple juif ; soit au gré des factions, comme chez les Romains ; ou bien à la charge que chaque citoyen transmettrait, comme chez les Lacédémoniens, la part qu'il aurait reçue, à l'aîné de ses enfants, ce qui pourrait mettre pour quelque temps une sorte d'égalité dans les familles, mais assurément n'en mettrait pas plus entre les individus que le droit écrit ou les lois féodales n'en mettaient en Languedoc, entre les aînés nobles et leurs puînés.

La quatrième enfin, serait de supprimer la propriété, de remettre les terres en communauté, de les faire exploiter en commun, d'en emmagasiner les produits dans des greniers publics, de les faire partager entre tous les citoyens par l'autorité publique. C'est ce qui a été institué par les jésuites au Paraguay, par les quakers dans la ville d'Euphrate; c'est ce qui existe dans plusieurs parties de l'Afrique et de l'Amérique.... c'est ainsi qu'ont possédé longtemps les moines avant qu'ils quittassent la culture.

Examinons la doctrine des niveleurs, à commencer par les principes, et en les suivant pied à pied jusqu'à leurs dernières conséquences.

Il semble d'abord que Mably réduit le bonheur à trop peu de chose, en excluant de sa composition une partie des jouissances que donne la richesse. Le bonheur se compose de tous les plaisirs qui n'émoussent pas les sens, qui ne contrarient pas les devoirs, qui ne diminuent pas les moyens de les remplir. De même que la sûreté ne suffit pas toujours pour donner la sécurité, de même le seul sentiment de l'existence ne suffit pas pour donner le bonheur; il faut être averti du bonheur par quelques voluptés, par quelques plaisirs, pour qu'il existe réellement. Quand on est placé précisément sur la limite qui sépare le bonheur du malheur, on est déjà dans le malheur. Une répartition inégale des richesses, je dis simplement inégale, et je suis loin de parler d'une extrême ou seulement d'une grande inégalité de fortune, est un principe de jouissance non-seulement pour les riches, mais même pour les pauvres, à qui l'aspect d'un bien-être plus doux que leur existence donne des *espérances* et des *désirs*, les deux aliments du bonheur les plus sensibles et les plus réels peut-être.

S'il est vrai que le bonheur soit, comme l'a dit Saint-Lambert, un sentiment *réfléchi*, appartenant à la réflexion, nous devons regarder comme un principe fécond de bonheur le développement et l'accroissement de nos forces, de nos talents, de notre esprit : car il n'est rien dans notre existence sur quoi la réflexion se porte avec plus de plaisir et s'attache avec plus d'amour que sur le sentiment de notre amélioration et de notre agrandissement. Cela posé, à quelles institutions sociales devons-nous et la civilisation qui nous distingue tous de l'homme sauvage, et les talents et les connaissances qui en distinguent quelques-uns entre nous, et le génie qui en signale quelques autres? A la propriété et à l'inégalité des fortunes; à l'inégalité qui, en affranchissant du besoin une grande masse de citoyens, leur a donné du loisir pour cultiver leur esprit, quand d'autres cultivent la terre; à l'inégalité, qui a donné à quelques hommes opulents de grands besoins d'imagination, leur a fait mettre un grand prix aux productions qui pouvaient y répondre, et a excité l'émulation de tous les talents, de tous les genres d'esprit. La richesse a donc contribué à la grandeur de l'homme, elle a donc contribué à son bonheur.

La richesse, considérée relativement à l'union civique, à la fraternité humaine, n'est pas envisagée sous son plus favorable aspect.

Mais on peut faire à cet égard quatre observations :

1º Si le riche se sépare ordinairement du pauvre,

cependant il n'est pas pour cela sans communication avec lui. Le besoin de jouir et de diversifier ses jouissances provoque les empressements de l'industrie, qui est le patrimoine du pauvre. La richesse est donc obligée de *payer* la pauvreté, sinon de lui *donner*. Elle est sa *tributaire*, si elle n'est sa *bienfaitrice*.

2° Les riches, on ne peut le dissimuler, ont moins de zèle pour la patrie que les citoyens nés dans la médiocrité, mais ils s'y attachent par un intérêt puissant. Moins d'élan les porte aux sacrifices; mais le calcul les y détermine, et les résultats sont à peu près les mêmes.

3° Les citoyens très-riches ne sont pas très-nombreux. Parce qu'ils se rencontrent sur tous les chemins, par tous les lieux publics, on croit qu'ils sont innombrables : c'est une erreur. Entre la richesse et la pauvreté est placée la médiocrité, où se trouvent réunies toutes les vertus désirables dans un empire. Or, les vertus de la médiocrité sont l'effet non de la médiocrité même, mais de sa position entre les vices de l'extrême pauvreté et ceux de l'extrême richesse. Pour réunir ces vertus, il faut donc à côté d'elles l'extrême richesse.

4° Il est très-possible, sans niveler les fortunes, de les rapprocher assez pour que la liberté et l'égalité même n'en soient point alarmées. Tout se réduit à prévenir la formation de celles qui n'existent pas, et à diviser par des moyens doux et légitimes celles qui existent.

On peut prévenir la formation des fortunes immodérées en prohibant sévèrement toute espèce de revenu public qui exigerait un trop grand nombre de traitants pour leur perception; en réduisant les dépenses publiques, qui sont toujours la proie de l'intrigue et de la cupidité, et surtout dans des temps de guerre; en évitant toute forme d'emprunt public, qui, offrant des chances à la cupidité et excitant des espérances, sont un principe d'agiotage.

On peut *diviser* les propriétés sans les dissoudre, par l'égalité du partage entre les enfants du propriétaire; par un partage que la loi fixerait entre ses héritiers collatéraux, quand il n'aurait point d'enfants, partage par lequel elle éviterait que jamais un seul collatéral recueillît une succession entière; par l'avancement de la majorité qui fera marier plus tôt, et qui par cette raison multipliera les enfants; par le divorce qui, prévenant ou réparant les unions mal assorties, fera des mariages plus populeux; par la vente des grands domaines publics; par la suppression de tout moyen trop lucratif de lever les revenus de l'État; enfin par l'encouragement de toute espèce d'industrie et de toute entreprise fructueuse.

Quelques-uns de ces moyens ont été employés en France depuis la révolution et ont déjà produit de très-heureux résultats.

5° Les moyens propres à favoriser le rapprochement des fortunes peuvent être avantageusement suppléés par les institutions politiques qui rapprochent les conditions dans l'inégalité des fortunes même. Telle est l'institution de l'égalité de droit aux fonctions publiques, de la parité de titres dans la société; telle est surtout l'institution d'un gouvernement représentatif, qui fait dépendre l'avancement de chacun, moins encore de son mérite et de sa renommée, que de la familiarité de ses communications avec les classes inférieures de la société.

On peut donc nier que la richesse desserre, rompe,

comme le dit Mably, les liens de la société; elle peut au contraire en être le lien, et sa nature est de servir même à cet heureux usage.

Quand on serait réduit à considérer les richesses comme un abus très-affligeant et absolument irremédiable de la propriété, on n'en pourrait rien conclure contre la propriété, parce qu'il faudrait examiner si elle n'est pas un obstacle à des maux encore plus grands que ne pourrait être l'inégalité des fortunes.

Pour juger ce que deviendrait la société si le droit de propriété héréditaire y était méconnu, il faut jetter les yeux sur les résultats des plans divers qui sont proposés par les niveleurs. Quand nous aurons reconnu les effets qu'ils produiraient dans l'intérieur de l'État, il ne sera pas difficile de déterminer ceux qu'ils auraient sur ses rapports extérieurs et sur la sûreté nationale à l'égard des étrangers.

Il est facile de prouver que tous les systèmes proposés pour détruire ou restreindre la propriété, je dis tous, excepté ceux qui ont pour objet de rapprocher les fortunes en les divisant, étant pure spoliation, tendent par cette raison à diminuer la reproduction annuelle des subsistances.

Nous mettons d'abord à l'écart le quatrième système, dont nous avons parlé, celui de retirer toutes les propriétés et d'en faire un nouveau partage. Il est reconnu généralement qu'il ne pourrait opérer qu'une égalité éphémère, et qu'il serait un principe de divisions éternelles; qu'en supposant le partage fait également aujourd'hui, demain le dissipateur, le paresseux, l'impotent, vendraient leur portion dont s'accroîtrait aussitôt la portion de l'avare, laborieux et sain; que le fils unique d'un citoyen hériterait d'une portion entière, peut-être même de plusieurs, tandis que les nombreux enfants d'un même père n'hériteraient que d'une très-petite fraction.

L'idée de retirer toutes les propriétés pour les rétablir en une masse commune, n'est pas beaucoup plus spécieuse.

Nous observerons en passant, avec Rousseau, que la propriété est le vrai garant des engagements des citoyens. Car si les biens ne répondaient pas des personnes, de deux choses l'une, ou rien ne serait si facile que d'éluder ses devoirs, ou bien il faudrait des lois cruelles qui tombassent immédiatement sur les personnes, faute de pouvoir tomber sur les propriétés.

Nous dirons encore, en passant, que le partage des fruits entraînerait une continuelle dispute entre l'homme laborieux et le paresseux, entre le fort et le faible, entre l'homme marié et le garçon, entre le père de famille et l'homme sans enfants, entre tous les citoyens et le magistrat. L'un prétendrait à une part proportionnée, non à ses besoins, mais à son travail, c'est-à-dire à ses forces; l'autre en voudrait une mesurée à ses besoins, quel que fût son travail.

Mais une vérité encore plus concluante, c'est que l'établissement d'une communauté territoriale entraînerait l'anéantissement de toute culture.

1° Il n'est pas dans la nature de l'homme de s'attacher individuellement à ce qui est la propriété de tous, et de consacrer son travail à la chose qu'il ne peut suivre dans ses progrès, dont il ne peut spécialement jouir dans ses produits. Longtemps nous avons eu sous les yeux une grande quantité de terres communes entre les habitants d'une même municipalité; ces terres étaient situées entre des propriétés bien cultivées; elles appartenaient aux cultivateurs même de ces terres; rien ne manquait pour leur fertilité, ni les bras, ni les avances, ni le savoir, ni la fécondité; et tout y manquait, parce que la propriété n'animait aucune volonté et n'excitait aucun bras à les travailler.

La fable de l'*OEil du Maître* a été inventée pour prouver l'influence des soins de la propriété pour la conservation des choses, à plus forte raison pour leur fructification.

Ce serait une mauvaise garantie d'une bonne culture que celle d'une magistrature surveillante. Cette magistrature serait une garantie d'autant plus mauvaise qu'elle serait plus nombreuse : il faudrait au moins un tiers de la nation pour surveiller le reste; et les surveillants, qui les surveillerait?

2° Il est reconnu que la plus profitable des cultures est celle qui est combinée de manière à nourrir beaucoup de bestiaux; que le même terrain toujours cultivé en blé, nourrit moins d'hommes, les nourrit moins bien, et même produit moins de blé que celui qui est cultivé deux fois plus en prairies artificielles qu'en blé.

Il est certain aussi qu'il est d'un grand intérêt politique d'augmenter l'abondance de la viande, et de diminuer le besoin du pain; parce que dans les pays libres il ne suffit pas, pour la tranquillité du peuple, qu'il y ait des subsistances; il faut encore qu'il n'y ait aucun motif d'inquiétude sur l'emploi qu'en font les commerçants et les propriétaires. Le blé s'accapare, s'exporte, se cache souvent pour éviter les accusations même d'accaparement. Quelquefois aussi il manque dans quelques départements, et il faut y en voiturer à grands frais. Les bestiaux, au contraire, ne peuvent pas se cacher, ni s'exporter; et quand il faut les transporter d'un lieu à un autre, ils marchent, et se servent ainsi de voiture à eux-mêmes. Il importe donc de multiplier les nourris de bestiaux. Mais les nourris exigent des soins suivis, constants et prolongés pendant plusieurs années; ils exigent des connaissances, ils exigent même une affection sentie, telle que celle des pasteurs, des bouviers, qu'il ne faut pas confondre avec les bouchers. Or, comment ces soins pourraient-ils être donnés aux troupeaux par des cultivateurs de corvée qui changeraient chaque jour?

3° La culture de la terre exige trois sortes de connaissances : connaissances générales, connaissances locales, connaissances pratiques. L'agriculture est à la tête des arts difficiles comme elle est à la tête des arts importants. Une loi peut bien dire à un homme : Vous enfoncerez le soc de votre charrue dans ce terrain, et vous y tracerez des sillons; mais elle ne peut pas lui dire : Vous appliquerez votre intelligence à cette terre; vous étudierez ses qualités; vous la ferez fructifier par les moyens les plus sûrs, et vous vous attacherez à en tirer les produits qu'elle peut le mieux faire profiter. C'est la division des métiers qui a perfectionné les arts : l'abolir pour le plus utile de tous, l'agriculture, c'est vouloir qu'il rétrograde.

4° Les habitations des peuples existants ne sont point disposées pour une culture commune. Les villages seuls sont à portée des champs qui les nourrissent. Les villes auraient à labourer loin d'elles. Si Paris était réduit à cultiver les terres nécessaires à sa subsistance, il faudrait que ses habitants se dispersassent sur une surface de plus de trente lieues de rayon; il faudrait, pour que chaque Parisien se mît à portée de faire sa tâche, que cette ville se résolût incontinent à une totale dissolution.

Il résulte de ces réflexions que l'idée d'une possession commune des terres est une absurde rêverie.

Le système d'exhéréder les familles et d'appeler le trésor public à recueillir toutes les successions, produirait deux mauvais effets.

Le premier, de dissoudre des capitaux.

Le second, d'empêcher beaucoup d'améliorations agricoles, même de faire négliger les exploitations annuelles.

Un homme, au déclin de sa vie, ne donnerait aucun intérêt à ses propriétés. Combien d'arbres ont été plantés, de maisons bâties, de terres défrichées par la *piété paternelle*, qui n'est pas moins pressante que la piété filiale. N'est-ce pas un moyen doux et précieux au cœur de l'homme de perpétuer le souvenir de son existence, que de planter des arbres qui vivent encore après lui, qui nourrissent, ombragent sa famille, et rappellent à ses descendants le souvenir de sa vie et de sa tendresse ?

On ne voit pas du premier coup d'œil tout le mal que produirait la dissolution des capitaux. Il faut donner un peu d'attention à ce sujet.

Nous avons vu que la terre ne produisait, que les travaux agricoles n'avaient d'activité, que par les capitaux. Il en est de même des manufactures et du commerce. Les capitaux sont donc un des principes élémentaires de la richesse. Partout ils sont la semence sans laquelle on ne peut point espérer de récolte, quelque actif que soit le travail, quelque féconde que soit la terre. Cela posé, tout ce qui détruit un capital nuit à la reproduction. Aussi la prodigalité a-t-elle été regardée par Smith comme un des vices les plus désastreux de la société;

tandis que l'avarice, au contraire, du moins celle qui amasse des capitaux, et les met ensuite en activité, lui paraît contribuer à enrichir l'État. Que serait-ce donc qu'une institution qui ferait faire chaque jour par le gouvernement, et au nom de la loi, sur un nombre infini de capitaux, ce que la raison condamne dans un petit nombre de prodigues, dont les déprédations, au reste, sont couvertes et bien au delà par les épargnes des hommes économes, et rachetées par celles des avares?

Au reste, la loi qui rendrait ainsi l'État héritier à la place des familles, serait illusoire, parce que chacun, par des actes réels ou simulés, vendrait ou donnerait son bien de son vivant.

Vient maintenant le projet de *limiter* les fortunes, projet pour l'exécution duquel on propose divers moyens plus ou moins efficaces, plus ou moins spoliateurs, au nombre desquels on peut ranger l'impôt progressif, que j'ai eu la triste occasion de combattre l'année dernière.

Ici l'examen nous convaincra que tout ce qui tend à limiter les fortunes, opère nécessairement détérioration de culture et diminution de récoltes.

1° Il y a un grand nombre de gens qui ne travaillent que pour atteindre à un immense superflu : les uns, d'un esprit inquiet, ne trouvent leur sûreté que dans une grande surabondance de moyens d'existence; les autres, d'un esprit mobile, ne trouvent de bonheur que dans une extrême diversité de jouissances. Il est aussi des esprits qui n'apportent d'autre intérêt dans leurs entreprises que de poursuivre un but qui fuit toujours. Le chasseur n'a de plaisir qu'à poursuivre le gibier; l'a-t-il tué, il n'y met plus aucun intérêt. Enfin, il est des esprits qui n'attachent de prix qu'aux choses qu'ils ne voient pas distinctement; qui ont placé loin d'eux, dans les obscurités de l'avenir, un but qu'ils ne connaissent pas trop, et qui ne voudraient pas faire un pas devant eux, s'ils n'avaient la liberté de parcourir toute la carrière. Borner tous ces hommes-là, c'est arrêter leur industrie et faire cesser leur travail.

2° Le *maximum* des fortunes étant arbitrairement fixé, il pourrait être réduit sans cesse. Ainsi, tout particulier qui serait près de la limite fixée, ferait plutôt quelque chose pour s'en éloigner que pour s'en approcher.

3° Il est des entreprises agricoles et manufacturières qui ne peuvent être faites utilement, qui même ne peuvent absolument être faites qu'en grand. Fixer un *maximum* au-dessus des capitaux strictement nécessaires pour l'existence, c'est n'avoir rien fait pour l'égalité. Fixez-le au-dessous, plus de grandes exploitations rurales, plus un vaisseau en mer.

4° Si c'est par le revenu d'un citoyen qu'on juge de sa fortune, il aura soin de diminuer son revenu de manière à n'atteindre pas le *maximum* déterminé; et cependant il conservera son fonds ou capital de manière à pouvoir le vendre en temps opportun, ou le laisser à ses enfants. De là encore, diminution de produit. Je suppose qu'un homme ait une terre de la valeur de trois cent mille livres, produisant douze mille livres de rente, et que dix mille livres soient le maximum de la fortune permise : alors ce propriétaire, qui ne se souciera pas de faire produire sa terre pour le trésor public, et qui sera bien aise de conserver son fonds pour le partager entre deux ou trois enfants dans les mains de qui il sera loin d'atteindre la limite de la loi, laissera alanguir la culture de son domaine, de manière à n'en retirer que dix mille livres; dans cette hypothèse donc, il y aura une reproduction annuelle de deux mille livres perdue pour tout le monde.

Ainsi le résultat de toute atteinte portée à la propriété est toujours une détérioration de culture, une diminution de produits.

S'il est prouvé que toute altération de la propriété diminue la production, il est manifeste qu'elle nuit à la sûreté extérieure de l'État. Moins de production, moins de population : moins de population, moins de force.

Ce qui a fait croire que les peuples pauvres devaient être plus forts que les nations riches et industrieuses, c'est qu'ils avaient plus d'hommes à conduire aux combats, que n'en avaient ces nations, en proportion de la population respective. Mais qu'importe cette différence de rapports, si la centième partie d'une nation policée est plus considérable que la totalité de celle qui ne l'est pas? qu'importe que les soldats d'un peuple barbare soient mûs par une ardeur féroce, si ceux des nations civilisées peuvent l'être par l'enthousiasme de la gloire, par l'amour de la patrie?

L'invention de la poudre à canon, en changeant entièrement l'art de la guerre, a ravi à la valeur personnelle le privilége de décider seule du sort des batailles; ainsi le nombre est devenu nécessaire, et au nombre il faut encore ajouter ces arts, puissants auxiliaires de la force humaine, qui doivent leur existence aux seuls tributs de la propriété.

L'histoire dément ce que Mably voudrait nous faire croire aujourd'hui des dangers de la richesse publique; elle dément que le sort des petits États soit d'envahir les grands, et celui des États pauvres de subjuguer les riches. Les Grecs ont vaincu les Perses, sans doute, mais ne les ont pas subjugués; et les Romains ont conquis la Grèce. L'histoire moderne, que dis-je? l'histoire du temps présent nous fournirait bien d'autres exemples.

L'histoire dément surtout, et je termine par cette observation, ce qu'on nous dit aujourd'hui du préjudice porté par la propriété, à la morale des nations, comme aux vertus des particuliers. L'histoire nous apprend que les mœurs générales et particulières sont pures et nobles, en raison du respect des gouvernements pour la propriété.

Pourquoi ces Tartares sont-ils féroces et ces Arabes voleurs depuis tant de siècles? c'est qu'ils ne connaissent pas la propriété.

Pourquoi la nation russe est-elle restée si au-dessous de ce que des chefs illustres ont fait pour elle, et des hommes qui la gouvernent? C'est que le peuple russe est serf et sans propriété. Pourquoi les Turcs sont-ils une nation servile jusqu'à l'abrutissement? C'est que la propriété d'aucun d'eux n'est assurée. Voyez les restes dispersés de cette nation juive qui présente pourtant le phénomène de l'indestructibilité. Pourquoi sont-ils en général d'un caractère si faible, quelquefois si rampant? C'est qu'ils n'ont pas la propriété.

Si vous jetez au contraire les yeux sur les nations civilisées de l'Europe, vous y remarquerez d'autant plus de probité, de fierté, que la propriété y est plus garantie par les lois et par les mœurs. Les États-Unis d'Amérique sont le peuple du monde entier, peut-être, où l'homme ait le plus d'orgueil; c'est qu'il est celui où la propriété est le plus en honneur, et le seul où elle n'ait pas encore éprouvé quelque atteinte.

Plusieurs religions ont recommandé le mépris des richesses, et l'abnégation de la propriété. Il est douteux qu'elles aient produit plus de vertus que n'en a produit l'amour de la propriété, d'où est né l'amour du travail et de l'économie.

Entre les ministres de ces religions, les uns ont pris une assez haute idée de la pauvreté pour se faire mendiants; les autres ont assez méprisé les richesses pour ne pas craindre de s'en charger. Eh bien, remarquons avec l'illustre Smith, que les idées superstitieuses et corruptrices ont été nourries dans le peuple par les premiers, et les idées libérales répandues dans la société par les seconds.

Plusieurs philosophes ont aussi conseillé le mépris des richesses et en ont même donné l'exemple; mais leurs préceptes ont été peu écoutés et leurs exemples mal suivis.

Les religions et la philosophie, peuvent faire de cette doctrine l'objet de recommandations particulières, mais elles doivent en permettre une opposée à la politique. Peut-être même ces religions, la philosophie, la politique, doivent-elles s'approuver l'une l'autre, et se regarder comme concourant au bonheur de l'homme par leur opposition même : la politique en excitant au travail; la religion, ou la philosophie, en conseillant la modération des désirs, et en plaçant en nous, à côté de ces désirs mêmes, le courage qui, au besoin, fait supporter les privations.

www.ingramcontent.com/pod-product-compliance
Lightning Source LLC
LaVergne TN
LVHW012059030726
842523LV00002B/611